JN097805

バウルー公認！

# アウトドアでホットサンド

TOASTED SANDWICHES RECIPES

蓮池陽子／著

山と溪谷社

家でも山でもキャンプでも。
手に入りやすい材料で
おいしさあふれるホットサンドを

# INDEX

## CHAPTER 1

### バウルーで作る ホットサンド レシピ50 …………… 9

# 実は、ホットサンドは山ごはんにピッタリなんです

食パンに好きな具材を挟んで、両面を焼くだけ。冷えた具材もちょっとパサついたパンも、熱々に生まれ変わり、おいしいホットサンドができあがります。めんどうな作業はなく、具材もシンプル。ホットサンドを極めれば、アウトドア料理、山ごはんの幅は大きく広がります。ハードルが高いと感じてる人も本書を読めば、簡単だと思えるはずです！

理由 **1**

## 材料が手に入りやすい

パンの間に挟む具材は、何でもOK。冷蔵庫に残っていたハムやチーズ、前の日に作ったおかず、コンビニで買ったお惣菜、缶詰、レトルト、生野菜だって、そのまま挟めるのがホットサンドのいいところ。明日、山に行こう！　と思い立ってすぐ準備できます。悩んでしまったら難しいことは考えず、自分の好きな食べ物から挟んでみましょう！

理由 **2**

## 食パン以外でも作れる

本書で紹介するレシピでは、基本的に8枚切りの食パンをおすすめしています。バランスよく具材が挟めて、中にも火が通りやすいので、燃料が気になる山にも丁度いい厚さだからです。でも、中にはフォカッチャやイングリッシュマフィンを使ったものもあります。言ってしまえば、具材を挟めればパンは問いません。具材同様、パンのチョイスも自由なんです。

理由 **3**

## 主食にもつまみにもスイーツにもなる

ハンバーグなどを挟めばボリューム満点の主食に、塩辛いものに変えてちょっと大人な味のつまみ系、あま～いチョコレートや果物を挟めば、子供も喜ぶスイーツに。ホットサンドは、アイデア次第でどんな料理にも変化します。行く山やメンバーに合わせて、何種類か作ってみるのも楽しいですよ。

**+α 冬山でもパンは凍らない！**

冬山では、おにぎりなどの水分が多い食料は凍ってしまうリスクがあります。それに比べてパンは水分が少ないので、凍りにくい。寒い季節にも熱々のホットサンドが活躍します。

# ホットサンドを
# 作るなら
# バウルーがいい

ホットサンドを上手に焼くためには、ホットサンドメーカーを使うのが一番。さまざまなアウトドアブランドから発売されていますが、本書では日本初のホットサンドメーカーで40年以上の歴史をもつイタリア商事の「バウルー」を使っています。8枚切り食パンの耳まで挟めて、直火で蒸し焼きにできるシンプルな調理器具。「外はカリッ、中はふっくら」と焼き上がり、アルミの内側にフッ素加工が施されているおかげで、焦げ付く心配もなく、山の調理にも向いています。

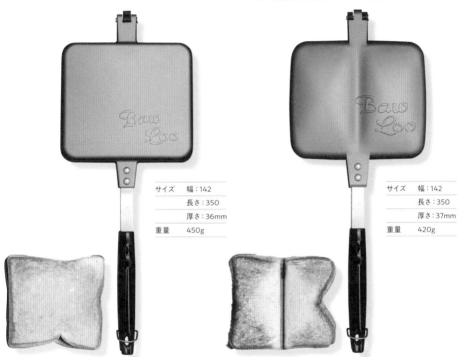

| サイズ | 幅：142 |
|---|---|
| | 長さ：350 |
| | 厚さ：36mm |
| 重量 | 450g |

| サイズ | 幅：142 |
|---|---|
| | 長さ：350 |
| | 厚さ：37mm |
| 重量 | 420g |

## シングルタイプ

食パンを重ねたままの形で焼きあがるため、自由な形にカットしやすいです。また、厚みのある具材を挟みやすく、ボリュームのあるホットサンドが作れます。パンをのせる部分はフラットなので、フライパンとしても使用可能。本書では、シングルタイプを使ってレトルトごはん（→P81）やおかず（→P100）のレシピも紹介しています。

## ダブルタイプ

真ん中にラインが入っているため、簡単に2等分ができます。縁が圧縮でき、耳がカリカリに焼けるのも特徴です。たっぷりのジャムや汁気の多い具材を閉じ込めるのにも最適。右と左で違うものを挟むなど、違った楽しみ方もできますよ。

# 基本の作り方
## 1、2、3

ホットサンドはいたって簡単！ 本書のレシピは、 ほぼ基本の作り方でできるので、 作り方に「材料を挟む、焼く、切る」とあったら、 このページを参照ください。 焼くときには、 アウトドアで使われるシングルストーブを使っていますが、 自宅で作る場合にはガスコンロでももちろん大丈夫です。

## パンに具材を挟む

ベースとなるパンにマヨネーズやバターといった塗り物を塗ります。味付けだけでなく、パンに水分が染み込むのを防いでくれる役割も。その上に具材をのせて、 もう1枚のパンを上から重ねます。具材は火の通りにくいものから重ねましょう。

## バウルーで焼く

バウルーに具材を挟んだパンを入れます。 耳までギュッと押し込むのがポイント。中火で片面3分が目安です。心配なときは、途中でバウルーを開けて中をチェックしてもOK。 ちょっと目を話したすきにあっという間に焦げる場合があるので注意を。

## ナイフで切る

両面がいい具合のきつね色に焼き上がったら、 食べやすい大きさに切ります。 ポイントは"一気に切る"こと。 とくに具材が多いときには、 少しずつではなく思い切りが大事です。 よく切れるナイフを準備することもできあがりをおいしく見せるコツ。

バウルーで作るホットサンドレシピ50

タマネギのシャキシャキ食感も楽しい

# きんぴら&チーズサンド

材料

食パン（8枚切り）… 2枚
きんぴらゴボウ（惣菜）… 適量
薄くスライスしたタマネギ … 適量
とろけるチーズ … 1枚
マヨネーズ … 適量

作り方

## 材料を挟む、焼く、切る

**POINT** タマネギとマヨネーズが味の決め手！ マヨネーズはたっぷり塗るとおいしい。火が通りやすいように、タマネギを先にのせ、その上からきんぴらをのせる。

## ネギがたっぷり入った
# 厚切り
# チャーシューサンド

材料

食パン（8枚切り）… 2枚
厚く切ったチャーシュー … 4枚
斜め切りにしたネギ … 1/4本
甘辛たれ … 適量
パクチー … お好みで

作り方

## 材料を挟む、焼く、切る

**POINT** ネギもチャーシューも厚切りに切ったほうが
おいしい。甘辛たれは、挟む直前に。

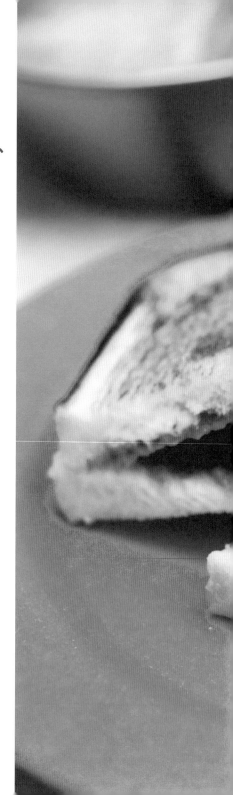

## ロングソーセージを挟んだ
# まるでホットドッグ

材料

食パン（8枚切り）… 2枚
ロングソーセージ … 2本
千切りにしたキャベツ … 適量
オリーブオイルまたはバター … 適量
ケチャップ … 適量
マスタード … 適量

作り方
## 材料を挟む、焼く、切る

**POINT** パンに塗るのではなく、完成品の上から
ケチャップとマスタードをかけてもよい。

14

## 具材すべての相性が抜群にいい

# チキン明太子 マヨサンド

材料

食パン（8枚切り）… 2枚
明太子 … 1腹分
マヨネーズ … 少々
海苔 … 1/4枚
サラダチキン（ほぐしたもの）… 20g
大葉 … 1枚

作り方

## 材料を挟む、焼く、切る

**POINT**　　明太子は縦半分に切って開くといい。

# ボリューム満点！ 大満足の
# ハンバーグサンド

材料

食パン（8枚切り）… 2枚
ハンバーグ（惣菜）… 1個
サニーレタス … 1～2枚
マヨネーズ、からし … お好みで

作り方

## 材料を挟む、焼く、切る

だしがふわっと香る和テイストの

# だし巻きたまごサンド

材料

食パン（8枚切り）… 2枚
だし巻きたまご（惣菜）… 1パック
からし … 適量
バター … 適量

作り方

## 材料を
## 挟む、焼く、切る

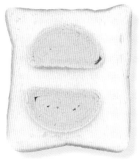

トマトの酸味とツナが絶妙マッチ

# ツナメルト

材料

食パン（8枚切り）… 2枚
ツナ … 適量
とろけるチーズ … 1枚
スライスしたミニトマト … 2個
砕いたポテトチップス … 適量
マヨネーズ … 適量

作り方

## 材料を
## 挟む、焼く、切る

**POINT** ポテトチップスを入れると、ツナとトマトの水分を吸ってくれて、
できあがりがベチャッとしない。

黄色と赤の断面萌えも楽しめる

# ゆでたまごwithカニカマサンド

材料

食パン（8枚切り）… 2枚
縦半分に切ったゆでたまご … 1個分
カニカマ … 4本
スライスしたタマネギ … 適量
マヨネーズ … 適量
からし … 適量

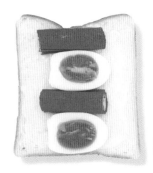

作り方

## 材料を
## 挟む、焼く、切る

**POINT**　　ゆでたまごは縦半分、カニカマは切らずに挟むと断面が素敵！

大定番⁉サクサクフライを

# 豪快サンド

材料

食パン（8枚切り）… 2枚
お好みのフライ
　（写真はチキンフライ）… 1枚
千切りにしたキャベツ … 適量
マヨネーズ … 適量
からし … 適量
とんかつソース … 適量

作り方

## 材料を
## 挟む、焼く、切る

**POINT**　　とんかつソースは、パンに塗らずに焼く直前にフライにかけたほうがおいしい。

## ポテトスナックが新しいアクセントに
# サバポテトガーリックサンド

材料

食パン（8枚切り）…2枚
サバ缶…1缶
スティック状のポテトスナック
　（じゃがビーなど）…7〜8本
ガーリックチーズ…適量
黒こしょう…お好みで

作り方

**材料を
挟む、焼く、切る**

**POINT**　サバ缶の水はざっと切っておく。あとはスティック状のポテトスナックが
ほどよく吸ってくれるので、砕いたりせず、そのまま入れるのがベター。

## シンプルイズベスト！
# 海苔チーズサンド

材料

食パン（8枚切り）…2枚
海苔…1枚
とろけるチーズ…1枚

作り方

**材料を
挟む、焼く、切る**

サバポテト
ガーリックサンド
←

海苔チーズサンド →

25

## 断面のデザインと食感両方のコンビ力がGOOD！
# ウインナーオクラサンド

材料

食パン（8枚切り）… 2枚
ウインナー … 3本
オクラ … 3本
オリーブオイル、バターなど … 適量
塩こしょう … 適量
カレー粉 … 適量

作り方

### 材料を
### 挟む、焼く、切る

**POINT**　　オクラもウインナーも切らずにそのまま挟んだほうが、断面がかわいい！

甘辛のたれはパンともよく合う

# 海老チリサンド

材料

食パン（8枚切り）… 2枚
海老チリ（惣菜）… 適量
サニーレタス… 1～2枚
マヨネーズ … 適量

作り方

**材料を**
**挟む、焼く、切る**

シャキっと、とろ～りのダブルのおいしさ

# ハムキャベツ&たまごサンド

材料

食パン（8枚切り）… 2枚
ハム… 2枚
千切りしたキャベツ… 適量
温泉たまご… 1個
マヨネーズ… 適量
塩こしょう… 適量

作り方

## 材料を
## 挟む、焼く、切る

POINT 温泉たまごは、切らずにそのまま挟む。食べるときの"とろ～り感"を楽しんで。

おしゃれな朝食にベストな

# ベーコンエッグイングリッシュマフィン

材料

イングリッシュマフィン … ワンセット
バウルーの形に合わせて切った
　ベーコン … 1枚
たまご … 1個
マヨネーズかバター … 適量
ケチャップ … 適量
黒こしょう … 適量

作り方

**1** ダブルタイプのバウルーを準備。
片方にベーコンとたまごを割り、
反対側にバターまたはマヨネーズを塗った
イングリッシュマフィンを入れる。

**2** 火にかけて両面を約3分焼く。

**3** 2つに割ったイングリッシュマフィンの片方に
ベーコンエッグをのせ、
ケチャップと黒こしょうをかけて、挟んだら完成。

**POINT** たまごがバウルーから溢れないように、小〜中玉ぐらいのサイズのものを選ぶ。
フッ素加工が弱いと感じたら、ベーコンをのせる前に油を敷くとよい。

**PART 2**　　**缶詰編**

オイルサーディン缶、サバ缶、ツナ缶などなど、常温で持ち運べる缶詰は山ごはんのお役立ち食材。残ったらおつまみにできるところもいいですね。

## ひと手間でグッとおしゃれに！
# オイルサーディンオープンサンド

材料

3cm程に切ったカンパーニュ … 1枚
缶詰のオイルサーディン … 2本
プロセスチーズ … 1〜2個
黒こしょう … 適量

作り方

**1** カンパーニュの上に、オイルサーディン、食べやすい大きさに切ったプロセスチーズを並べる。

**2** シングルタイプのバウルーで両面を約3分焼く。

**3** 最後に黒こしょうを適量かけたら完成。

お菓子を使えばサクッと時短に

# コンビーフポテトサンド

材料

食パン（8枚切り）… 2枚
コンビーフ … 約50g
スティック状のポテトスナック
　（じゃがビーなど）… 10本程度
マヨネーズ … 適量
黒こしょう … お好みで

作り方

1 スティック状の
　ポテトスナックを軽く砕いて
　シェラカップに入れ、
　お湯を少しずつ入れてマッシュ状にする。

2 1とそれ以外の材料を
　パンに挟み、焼く。

焼き鳥のたれとマヨネーズは最強！

# 焼き鳥シシトウサンド

材料

食パン（8枚切り）… 2枚
焼き鳥缶 … 1缶
シシトウ … 6本
マヨネーズ … 適量
七味唐辛子 … お好みで

作り方

**材料を
挟む、焼く、切る**

コンビーフポテトサンド

火を使わずに本格カレーが!? 革命的な

# フォカッチャでサバカレーサンド

材料

フォカッチャ … 2枚
サバ缶 … 1缶
みじん切りにしたタマネギ … 1/4個
カレー粉 … 大さじ2/3
味噌 … 大さじ2/3
レモン汁 … 大さじ1/2
オリーブオイル … 大さじ1
マヨネーズ … お好みで

作り方

1 水気を切ったサバ缶とみじん切りにした
タマネギを混ぜる。そこにカレー粉、味噌、
レモン汁、オリーブオイルを入れて味を整える。

2 フォカッチャを半分に切り、材料を挟む。

3 シングルタイプのバウルーに2セットのせ、
両面を約3分焼いたら完成。

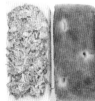

熱々を思いっきりかぶりつきたい

# カニグラタンサンド

材料

食パン（8枚切り）… 2枚
カニ缶 … 1缶
レトルトグラタンソース … 大さじ3
シュレッドチーズ … 適量

作り方

**材料を
挟む、焼く、切る**

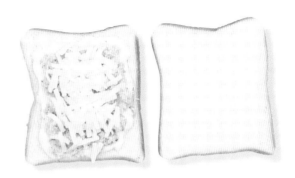

サバやブルーチーズ、いぶりがっこなど、酒のつまみにしているものをサンド。もう少し食べたいなというときにお腹も満足するメニューです。

## クミンとレモン汁でさっぱり食べられる
# サバサンド

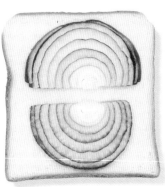

材料

食パン（8枚切り）… 2枚
焼きor燻製サバ（惣菜）… 1/2枚
半月にスライスした
　　紫タマネギ … 1/6個
オリーブオイル … 適量
黒こしょう … 適量
クミン … お好みで
レモン汁 … お好みで

作り方

## 材料を挟む、焼く、切る

**POINT**　　タマネギは厚目にスライスすると、クセのあるサバがよりさっぱりと食べられる。

ガーリックの香りが食欲をそそる！

# オリーブトマト&
# ガーリックチーズ

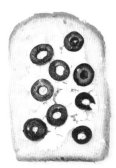

材料

小ぶりのイギリスパン（食パンでもOK）… 2枚
スライスしたブラックオリーブ … 10個ほど
半分に切ったミニトマト … 2～3個
ガーリックチーズ … 適量

作り方

## 材料を挟む、焼く、切る

POINT　ガーリックチーズは「ブルサン」などの
フレーバーチーズを使用。
たっぷり入れたほうがおいしい。

ビールにも白ワインにも合う

# たっぷりキノコと
# チーズのトースト

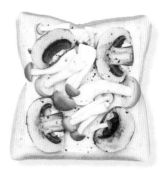

材料

食パン（4枚切り）… 1枚

マッシュルーム、シメジなどお好みのキノコ … 好きなだけ

とろけるチーズ … 1枚

マヨネーズ … 適量

粒マスタード … 適量

黒こしょう … お好みで

粗みじん切りしたイタリアンパセリ … お好みで

作り方

**1** 4枚切りの厚切り食パンに
  マヨネーズとマスタードを塗り、
  キノコをのせたら、その上に
  とろけるチーズものせる。

**2** シングルタイプのバウルーに
  パンをセットして両面を約3分焼く。

**3** 最後に黒こしょうと
  イタリアンパセリを散らしたら完成。

甘くてちょっとしょっぱい
# イチジク&
# ブルーチーズサンド

材料

食パン（8枚切り）… 2枚
半分にスライスしたソフトタイプのドライイチジク … 2個
ブルーチーズ … 大さじ3
シュレッドチーズ … 適量

作り方

## 材料を挟む、焼く、切る

**POINT**　ブルーチーズにシュレッドチーズを
合わせることで味がマイルドになる。

異色のようでベストマッチ

# いぶりがっことクリームチーズサンド

材料

食パン（8枚切り）… 2枚
刻んだいぶりがっこ … 適量
クリームチーズ … 適量

作り方

**材料を**
**挟む、焼く、切る**

**POINT** 　刻んだいぶりがっことクリームチーズは混ぜ合わせてから挟む。

---

ゆずと味噌で味が決まる！

# サラダチキンのゆず味噌サンド

材料

食パン（8枚切り）… 2枚
ゆず味噌（市販のもの）… 適量
サラダチキン（ほぐしたもの）… 適量
大葉 … 2枚
とろけるチーズ … 1枚

作り方

**材料を**
**挟む、焼く、切る**

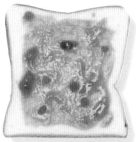

**POINT** 　食パンの変わりに油揚げに挟んでもおいしい。ゆず味噌が苦手な人は、甘辛い味噌で代用可。

いぶりがっこと
クリームチーズサンド
←

サラダチキンの
ゆず味噌サンド
→

## 野菜のみずみずしさも感じられる
# ベジオープンサンド

材料

3cm程に切ったカンパーニュ … 1枚
半月スライスしたズッキーニ … 3枚
スライスしたマッシュルーム
　　… 1/2〜1個
スライスしたミニトマト … 1〜2個
オリーブオイル … 適量
塩こしょう … 適量

作り方

1 カンパーニュにオリーブオイルを塗り、
同じ厚さになるようにスライスした
野菜をカンパーニュの上にのせる。

2 塩こしょうをしたら、
シングルタイプのバウルーで
両面を約3分焼いて完成。

半熟たまごとチーズがとろける

# ビスマルク風トースト

作り方

**1** 4枚切りの厚切り食パンに、とろけるチーズをのせ、その上にベーコンものせる。

**2** シングルタイプのバウルーで両面を約3分焼く。

**3** パンを取り出したあと、
バウルーをフライパン代わりにして
目玉焼きを作り、パンの上にのせたら、
最後に黒こしょうをかけて完成。

材料

食パン（4枚切り）…1枚
ベーコン…2枚
とろけるチーズ…1枚
たまご…1個
黒こしょう…適量

焼いたアボカドのホクホク感が新鮮

# アボカドサンド

材料

食パン（8枚切り）… 2枚
アボカド … 1/2個
オリーブオイル … 大さじ1/2
塩こしょう … 適量

作り方

## 材料を
## 挟む、焼く、切る

**POINT** アボカドは火が通り過ぎないほうがいいので、高温でパンだけをサクッと焼くのがオススメ。
味付けは、塩の変わりに味噌でもおいしい。

彩り豊かなパンの王道レシピ

# ピザトースト

---

材料

食パン（4枚切り）… 1枚
ピザソース … 適量
とろけるチーズ（大判）… 1枚
スライスしたタマネギ … 1/8個
食べやすい大きさにしたピーマン … 1/2個
ベーコン … 1枚

作り方

1 4枚切りの厚切り食パンに
　ピザソース、チーズ、それ以外の順にのせる。

2 シングルタイプのバウルーで
　両面を約3分焼いたら完成。

# PART 4 禁断編

今日だけはカロリーを気にせずに食べたい！ そんなときに作りたいボリュームたっぷりメニュー。山ごはんなら多少の高カロリーもOKでしょう〜。

## ホットサンドでB級グルメ
# 焼きそばサンド

材料

食パン（8枚切り）… 2枚
焼きそば … 1玉
食べやすく切った
キャベツ … 適量
薄切りの牛肉 … 20g〜30g
粉末ソース … 1玉分
紅生姜、青のり … お好みで
からし … 適量
マヨネーズ … 適量

作り方

1 食パンにからしとマヨネーズを塗り、シングルタイプのバウルーにのせる。その上に焼きそば1玉を生のままのせ、粉末ソース2/3をかける。

2 キャベツをのせ、残りの粉末ソースをかけ、紅生姜、薄切り牛肉をのせる。

3 両面を約2分半ずつ焼いたら、バウルーを開けてもう1枚のパンを焼きそば側にのせる。

4 3でのせたパンの面を約2分半焼いたら完成。

POINT　焼きそばの上にパンをのせずに焼けば、事前に焼かなくても火が通る。

# バターしみしみ厚切りベーコンの
# メープルがけトースト

材料

食パン（4枚切り）… 1枚
バター … 10〜15g
厚切りベーコン … 1枚分
メープルシロップ … 適量

作り方

1 4枚切りの厚切り食パンに
  バターをたっぷり塗る。

2 パンの大きさに合わせて切った
  ベーコンをのせ、
  シングルタイプのバウルーで
  両面を約3分焼く。

3 お皿に盛り付け、
  メープルシロップをかけたら完成。

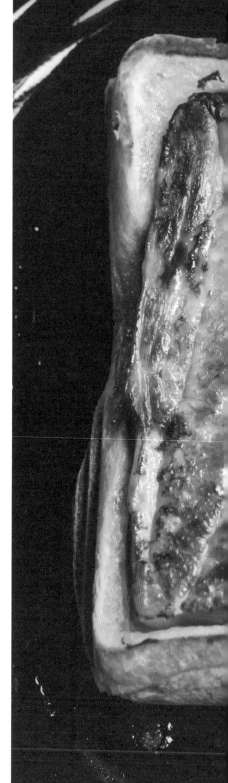

## ちょっとピリ辛だからおいしい
# メキシカンサンド

材料

食パン（8枚切り）… 2枚
タコミート（市販品）… 65g
食べやすく手でちぎったサニーレタス … 1〜2枚
3等分に切った中玉のトマト … 1個
シュレッドチーズ … 適量

作り方
## 材料を挟む、焼く、切る

チーズ好きにはたまらない

# 濃厚クロックムッシュサンド

材料

食パン（8枚切り）… 2枚
グラタンソース … 大さじ2～3
ハム … 1～2枚
シュレッドチーズ … 適量

作り方

## 材料を
## 挟む、焼く、切る

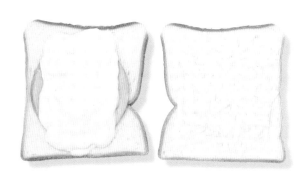

**POINT**　とろけるチーズをパンの外側にのせて両面こんがり焼くのもおすすめ。
チーズが剥がしにくいときはフォークなどを使おう。

## シナモンの香りに癒やされる

# シナモンレーズントースト

材料

レーズンパン（小さめの食パンタイプ）… 2枚
バター … 適量
シナモンシュガー … 適量

作り方

**1** レーズンパンにバターを塗り、
シナモンシュガーをふりかける。

**2** シングルタイプのバウルーに
セットし、両面を
約3分焼いて完成。

# PART 5 デザート編

甘いものを挟めば、ホットサンドがスイーツに早変わり。温かいから楽しめる"熱々とろとろ"は、ホットサンドならでは。甘いものは別腹です！

もはやこれはチーズケーキだ！

# はちみつレモンチーズトースト

**材料**

小さめの食パン … 2枚
はちみつ漬けにしたレモン … 3枚
はちみつレモンシロップ… 大さじ4〜
クリームチーズ … 2個

**作り方**

**1** パンの上にクリームチーズと
はちみつ漬けにしたレモンをのせ、
さらにはちみつレモンシロップをかけて
パンに染み込ませる。

**2** もう1枚のパンの内側にも
はちみつレモンシロップを
たっぷり染み込ませる。

**3** パンを重ねたら、飾り用の
はちみつ漬けレモンをパンの中央に置く。

**4** シングルタイプのバウルーで
両面を約3分焼いたら完成。

**POINT** 食べるときにはちみつレモンシロップをプラスすると、さらにおいしい！

# 朝食にもおやつにもなる
# フレンチトースト

材料

フランスパン … 4切れ
たまご液
  たまご … 1個
  牛乳 … 100ml
  はちみつ … 大さじ1
バター … 適量
はちみつorメープルシロップ … 適量

作り方

1 フランスパンを
3～4cmの厚さに切り、
密封袋にたまご液と一緒に入れて、
よく染み込ませる。

2 シングルタイプのバウルーを熱し、
バターを溶かし、
1を入れて片面2～3分ずつ焼く。

3 お皿などに取り出し、
お好みのシロップをかけて完成。

# 甘党さんは食べすぎ注意！
# プリンバナナサンド

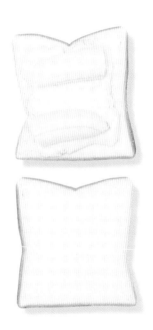

材料

食パン（8枚切り）… 2枚
プリン… 大さじ2〜3
バナナ… 2/3本

作り方

## 材料を挟む、焼く、切る

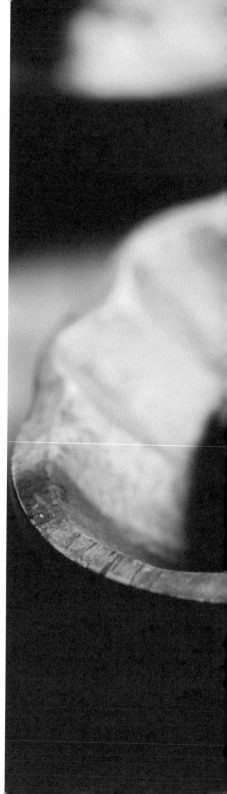

## ジャムの組み合わせは自由自在
# ジャム&バターサンド

材料

食パン（8枚切り）…2枚
マーマレードジャム…適量
ブルーベリージャム…適量
バター…適量

作り方

# 材料を
# 挟む、焼く、切る

**POINT**　ジャムはお好みのものでOK。

あま～いモモをまろやかにする

# クリームチーズピーチサンド

材料

食パン（8枚切り）… 1枚
クリームチーズ … 2個
黄桃（缶詰）… 半量

作り方

**材料を
挟む、焼く、切る**

**POINT**　　黄桃とクリームチーズは同じぐらいに切り、交互に挟むと断面がきれいになる。

**PART 6　軽量編**

バウルーが少し重い道具なので、材料は軽くしたいという方は乾物やフリーズドライで作ってみましょう。乾物もふんわりおいしく食べられます。

### 乾物野菜をたっぷり食べる
# ドライベジタブル
# コールスローサンド

**材料**

イングリッシュマフィン … 1個
キャベツ、ニンジンなどの
　乾物野菜 … 20g
マスタード … 適量
マヨネーズ … 適量
塩こしょう … 適量

**作り方**

1　乾物野菜をシェラカップなどに
　入れてお湯で戻す。

2　湯を切ったら、マスタード、マヨネーズ、
　塩こしょうで味をつける
　（この時点で乾物が多少硬くても
　焼いているうちに柔らかくなるのでOK）。

3　イングリッシュマフィンに2を挟んで
　シングルタイプのバウルーで
　両面を約3分焼いたら完成。

フリーズドライのリゾットをアレンジ

# ライスコロッケ風サンド

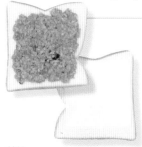

作り方

1 フリーズドライのトマトリゾットを
湯を少なめにして作る。

2 完成したリゾットととろけるチーズを
パンで挟み、
バウルーで両面を約3分焼いて完成。

材料

食パン（8枚切り）…2枚
フリーズドライのトマトリゾット味…1袋
とろけるチーズ…1枚

**POINT** フリーズドライのトマトリゾットは、分量よりやや少なめのお湯で戻したほうがサンド向き。

本格カレーに匹敵する

# フリーズドライカレーとポテトサンド

作り方

1 シェラカップなどにフリーズドライカレーと
適当に折ったスティック状の
ポテトスナックを入れ熱湯を注ぐ
（カレーの水分をポテトスナックに
吸わせるイメージ）。

2 カレー味のマッシュポテトのようになったら、
パンに挟み、バウルーで両面を
約3分焼いて完成。

材料

食パン（8枚切り）…2枚
フリーズドライのカレー…1袋
スティック状のポテトスナック
　（じゃがビーなど）…5本ほど
マヨネーズ…お好みで

ライスコロッケ風サンド

フリーズドライカレーと
ポテトサンド

**PART 7** **行動食編**

山に行く前日にホットサンドを作ったり、1泊であれば朝食時に作って昼食、行動食にしても。時間が経ってもパサつきにくいメニューを選びました。

## ちょっぴりビターな大人のお菓子
# コーヒーミルクとホワイトチョコサンド

 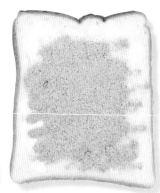

材料

食パン（8枚切り）…2枚
インスタントコーヒーまたは
　カフェオレ（スティック）…1本
練乳…適量
ホワイトチョコレート…適量

作り方
### 材料を挟む、焼く、切る

**POINT** 食パンに練乳を染み込ませた上にインスタントコーヒー（またはカフェオレ）をかけて、ホワイトチョコをのせる。

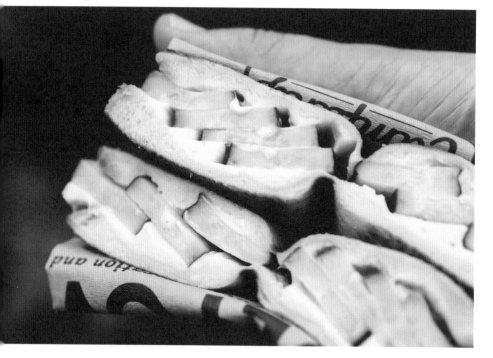

乾いた喉も潤してくれる

# たっぷりキュウリサンド

材料

食パン（8枚切り）… 2枚
斜めの薄切りにしたキュウリ … 1/2本
手でちぎったさけるチーズ … 1本～
マヨネーズ … 適量
からしかクミン … お好みで

作り方

## 材料を
## 挟む、焼く、切る

**POINT** やや強めの火力で一気に焼き、キュウリに火が通り過ぎないようにする。

小腹を満たし、ほどよい塩分も摂れる

# おつまみサンド

材料

サラミ … 6本
プロセスチーズ … 2個
ナッツ … 適量

作り方

## 材料を
## 挟む、焼く、切る

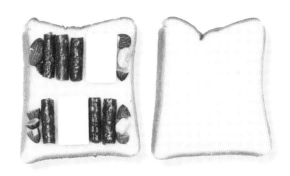

**POINT**　　断面が美しくなるように、サラミもチーズも小さく切りすぎない。

疲れた体を俄然元気にさせる

# あんココアバターサンド

---

材料

食パン（8枚切り）… 2枚
あんこ … 適量
ミルクココア（スティック）… 1本
バター … 10g
ドライフルーツ
　　（写真はキウイを使用）… 適量

作り方

## 材料を
## 挟む、焼く、切る

## ハイカロリーなんて気にしない！

# クロワッサンでダブルチョコバナナサンド

材料

クロワッサン … 1個
バナナ … 1本
ホワイトチョコレート … 適量
ブラックチョコレート … 適量

作り方

### 材料を
### 挟む、焼く、切る

**POINT**　　クロワッサンを真ん中から切って、その中にバナナとチョコを挟む。

辛口白ワインにも実はピッタリ

# プルーンとベーコンサンド

材料

食パン（8枚切り）… 2枚
プルーン … 4〜6個
ベーコン … 2枚
黒こしょう … 適量

作り方

**材料を
挟む、焼く、切る**

和と洋のナイスな組み合わせ

# 羊羹クリームチーズサンド

材料

食パン（8枚切り）… 2枚
クリームチーズ … 2個
羊羹（スティックタイプ）
… 1本（縦半分に薄切りに）

作り方

**材料を
挟む、焼く、切る**

プルーンとベーコンサンド
↓

↑
羊羹クリームチーズサンド

# ホットサンドの断面をデザインする

ホットサンドの完成はナイフを入れてからが本番。パンを切ったときに現れる断面にも、おいしさと楽しみが待っています。彩り豊かな具材で断面をデザインしてみましょう。

## POINT 1 具材は多めに入れる

ホットサンドは焼いている間パンをプレスするので、少量の具材だと切ったときの断面があまり美しくありません。ちょっと挟みすぎたかな？ぐらいのボリューム感がベストです。

## POINT 2 具材を大きめに切る

火が通るとどうしても具材は小さくなります。見た目を美しくするには、少し大胆なぐらいがちょうどいい。火が通りやすいものであれば、切らないというのも手。例えばキュウリのスライスであれば、1cmぐらい厚くてもOKです。

## POINT 3 色味のある具材を選ぶ

トマトの赤、紫タマネギの紫、大葉の緑など、色味のある具材をひとつ入れておけば、目を引くアクセントができます。ハムとチーズにトマトを加えるだけでも、一気に明るい断面になりますよ。

# 断面を考えて配置する

具材をただ挟むだけでは、きれいな断面にはなりません。切ったときの色合いや見え方をイメージして、挟む順番、配置を考えます。右の2つは縦に具材を配置しているので、それと同じ方向に切ると断面がきれいに見えないため、具材を半分にする切り方にしています。本書のレシピには、パンに具材をのせた状態も掲載しているので参考にしてみてください。

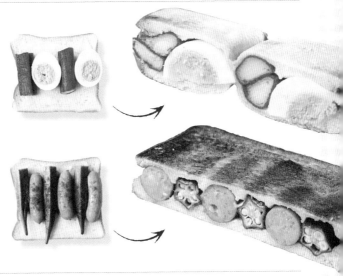

# 切り方を工夫する

切り方を変えるだけで、見た目のおしゃれさは格段に上がります。最初に切り方を決めてから、具材を配置するとより美しく仕上がりますよ。

## ダブルバウルー

### ── メガネ ──

真ん中の切れ目では切らずに、それをまたぐように半分に切ります。それをさらに切って4等分にもできます。

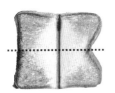

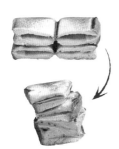

## シングルバウルー

### ── マウンテン ──

対角線状に2等分に切ります。

### ── ゲレンデ ──

対角線より少しずらしてカット。座りがよくなり、お皿の上に立ちやすくなります。

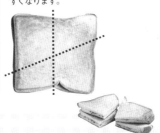

## よく切れる
## ナイフを準備

切れ味のいいナイフだと、パンを潰さずにきれいなままで切ることができます。山に持っていくなら軽量コンパクトで切れ味バッチリのビクトリノックス「トマトベジタブルナイフ」などがおすすめです。

# 山での手間の省き方

ホットサンドを作るのは簡単ですが、とはいえ山での手間は少しでも楽にしたいもの。自宅で下準備をしていけば、ゴミも減らせて一石二鳥ですよ！

## バターなどの塗り物だけ塗っていく

使用するパンにバター、マヨネーズ、マスタードなど味付けにもなる塗り物を事前に塗っていきます。調味料をいくつも持っていくのは面倒なので、これをやっていくだけでも現地での調理はかなり楽になります。

いくつもセットを作って密封袋などに入れると便利。

## 具材を挟んで持っていく

具材をすべて挟んで現地で焼くだけの状態にして持っていけば、余計な具材を持たずに済み、荷物も減らせます。ただし、水分量の多い食材は避けるのがベター。

## 完成品を行動食にする

現地で作るのではなく、自宅で完成させてそれを行動食にするのもひとつの楽しみ方です。日持ちする食材であれば、前日に作っても問題なく食べられます。

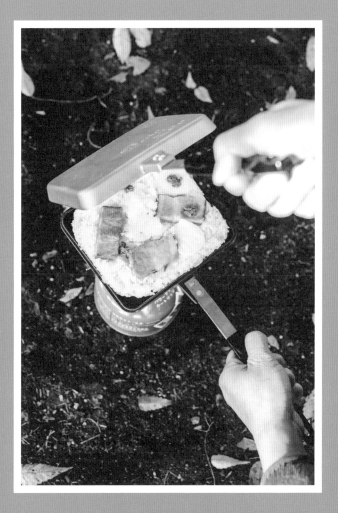

バウルーで作るパン以外のレシピ20

# パンを焼く
# だけじゃない！
# バウルーの
# 新しい活用方法

バウルーはホットサンドを作るだけではなく、レトルトごはんを温める道具としても使えます。通常山でレトルトごはんを食べる場合は湯煎しかありません。でも、けっこう時間がかかりますよね…。バウルーで温めれば、たった5～6分で完成します。しかも、湯煎したものと同じぐらいホカホカに仕上がるんです！ さらにフライパンのように使って、麺を炒めたり、おかずを作ることも可能。ここではパンを使わないレシピを紹介します。

## 【 基本の作り方 】
（レトルトごはんの場合）

### バウルーに
### レトルトごはんを
### 入れる

レトルトごはんをシングルタイプ（ダブルタイプでも作れます）のバウルーに入れます（なんと、サイズがピッタリなんです！）。温める前にスプーンなどで軽くほぐすと、火が通りやすくなります。

### フタをして
### じっくり
### 温める

中火で片面を約3分ずつ温めます。強火にすると、あっという間に焼き飯になってしまうのでご注意を。水などを入れてなくても驚くほどホカホカにできあがります。

## 【どんぶりを作る】

レトルトごはんと一緒に具材を温めれば、燃料の節約にもなります。ただし、生魚や生肉だとごはんのほうが先に温まってしまって、焦げる可能性もあるので、チルドのものを使うか、先に具材に火を入れてから調理しましょう。具材をのせた面を基本の作り方より1～3分ほど長めに加熱するといいでしょう。

## 【生麺を炒める】

通常は麺を炒めたあとに味付けをしますが、バウルーで調理する場合は具材、調味料すべてを一緒に入れてOK。密封されたバウルー内で蒸されることによって、味がうまく全体にまわり、最後に少し混ぜるだけでおいしく仕上がります。温める時間は具材をのせた面を3分、裏側は2分が目安です。

## 【おかずを作る】

フッ素加工が施されているバウルーはフライパンとしても大活躍します。チーズやお肉などもくっつかず、使用後の片付けも楽々。フタをして両面を焼けば、ひっくり返す手間が省けるうえに焼き崩れが防げるのもうれしいポイントです。ホットサンドの具材で余ったものを焼いて、もう1品なんて楽しみ方もいいですね！

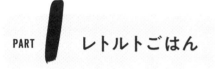

**PART 1 レトルトごはん**

乾物を使った混ぜごはん、惣菜でどんぶりなど、普段食べているメニューを山ごはんにアレンジ。簡単なうえに腹ペコも満たすレシピになっています。

## 甘辛味のひき肉をたっぷり野菜とともに
# ビビンパ

**材料**

レトルトごはん … 1パック
牛そぼろ（市販品）… 適量
切り干し大根 … 10g
乾燥ニンジン … 5g
乾燥ホウレンソウ … 5g
塩こしょう … 適量
ごま油 … 小さじ1程度
コチュジャン … 適量

**作り方**

1 乾燥した野菜は
シェラカップなどに入れて
ひたひたになるまでお湯を注ぎ、
柔らかくなったら湯を捨てて、
ごま油、塩、こしょうで味を整える。

2 シングルタイプのバウルーで
レトルトごはんを温め、
皿に移し牛そぼろと1を混ぜて、
器に盛り、お好みで
コチュジャンを添える。

**POINT**

フライパンに牛ひき肉100g、砂糖大さじ1と1/2、しょうゆ大さじ1、
酒大さじ1を入れてよくかき混ぜながら加熱し火を通す。
水分をほどよく飛ばし、よく冷ます。保冷または冷凍して持参すれば、山にも持っていきやすい。

絶対失敗なし！
おいしさは天下一
# 餃子定食

材料

レトルトごはん … 1/2パック
冷凍餃子 … 4～5個

作り方

**1** ダブルタイプのバウルーの
片方にレトルトごはん、
もう片方に冷凍餃子の皮を
下にして入れて火にかける。

**2** 両面を2～3分ずつ
加熱したら完成。
インスタント中華スープを
添えれば餃子定食の
できあがり。

# ダイナミックに
# どどんと焼いちゃおう！
# ステーキ丼

材料

レトルトごはん … 1パック
牛ステーキ肉 … 150g
シシトウ … 3本ほど
塩こしょう … 適量
しょうゆ、からし … 適量

作り方

**1** 牛ステーキ肉に
塩こしょうをふる。
シングルタイプの
バウルーを熱し、
牛ステーキ肉を入れて2分ほど、
こんがりとするまで加熱する。
牛ステーキ肉を裏返しにし、
シシトウとレトルトごはんを
乗せサンドする。
両面を2分半ずつ焼く。

**2** 牛ステーキ肉を切り、
しょうゆなどをつけて食べる。

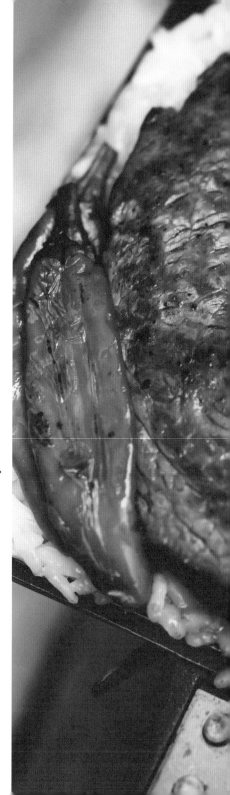

## めんつゆしみしみがたまらない
# かき揚げ定食

材料

レトルトごはん … 1パック
かき揚げ（惣菜）… 1個
めんつゆ … 適量
インスタント味噌汁 … 1個

作り方

**1** シングルタイプの
バウルーに
レトルトごはんを入れ、
その上にかき揚げをのせて
サンドする。

**2** 両面を約2分半から
3分加熱したら完成。
かき揚げがサクッと
するのが目安。

缶詰利用で山でも海鮮を！

# 牡蠣ごはん
<small>（か）（き）</small>

材料

レトルトごはん … 1パック
牡蠣のオイル漬け缶 … 1缶
実山椒佃煮 … 適量
しょうゆ … 適量
海苔 … 適量

作り方

1 シングルタイプのバウルーに
レトルトごはんを入れ、
牡蠣のオイル漬け缶、
実山椒佃煮をのせてサンドする。

2 両面を2分半ずつ加熱する。

POINT　牡蠣を入れた面は、焼き過ぎないように注意する。
好みでしょうゆをかけ、海苔で巻くとおいしさ倍増。残ったオイルはごはんにかけてもいい。

マイルドご飯にピリ辛を添えて

# ベーコンチーズゆずこしょうご飯

材料

レトルトごはん … 1パック
厚切りベーコン … 1/2枚分
プロセスチーズ … 2個
ゆずこしょう … 適量

作り方

1 シングルタイプのバウルーに
レトルトごはんを入れ、2cm幅に切った
ベーコン、食べやすい大きさに切った
プロセスチーズをのせサンド。

2 両面を2分半ずつ加熱する。
ゆずこしょうごと一緒に食べると
おいしい。

牡蠣ご飯 →

ベーコンチーズ
ゆずこしょうご飯 ←

93

THE 昭和の弁当!? じんわりおいしい

# シャケ弁当

材料

レトルトごはん … 1パック
シャケ（惣菜）… 1切れ
漬物、海苔など … 適量

作り方

**1** シングルタイプのバウルーに
レトルトごはんを入れ、
シャケをのせてサンド。

**2** 両面を3分ずつ加熱する。

お手軽ジューシー

# 唐揚げおんたま丼

材料

レトルトごはん … 1パック
唐揚げ(惣菜)… 3〜4個
温泉たまご … 1個
小口切りにした青ネギ … 適量
しょうゆ、ポン酢、
　マヨネーズなど … 適量

作り方

1 シングルタイプのバウルーに
　レトルトごはんを入れ、
　唐揚げをのせてサンド。

2 両面を3分ずつ加熱する。

3 皿に盛り、温泉たまごと
　青ネギをかけて、しょうゆや
　マヨネーズをかけたら完成。

焼きそば、うどんなど、チルドの生麺を使ったレシピ。乾麺を使う場合は、予め水に入れて水分を含ませておけば時間も行程も短縮できますよ。

### ホタテのおかげで旨味が倍増！

# ホタテとネギの塩焼きそば

材料

焼きそば … 1玉分
塩焼きそばの粉末ソース … 1玉分
ホタテの缶詰 … 1缶
小口切りにした青ネギ … 少々
ごま油 … 少々

作り方

**1** シングルタイプのバウルーに
焼きそば、粉末ソース、
ホタテ缶の身を入れて加熱する。

**2** 3分したら裏返し2分加熱。
皿に盛り、ごま油と青ネギを
かけたら完成。

**POINT** ホタテ缶の残った汁を焼きそばにかけると、風味が増す。

うどんがふっくらもちもちに

# 焼きうどん

**材料**

うどん（ゆで麺）…1玉
乾燥した野菜（お好きなもの）
　　…適量
干し海老…5g
ごま油…適量
しょうゆまたは
付属のたれ…適量
かつおぶし…お好みで

**作り方**

1 シングルタイプのバウルーに
　乾燥した野菜、干し海老とそれらが
　浸るぐらいの水を入れて火にかける。

2 沸騰したら軽く混ぜ、
　うどんを加えてサンド。

3 3分加熱する。中の汁が出ないように
　裏返してたれを加え、2～3分加熱。

4 皿に盛りごま油をまわしかけて、
　お好みでかつおぶしをかけたら完成。

水茹でで時短

# バウルーでパスタ

材料

サラダパスタ … 50g
和えるだけのパスタソースの素
　（好きなもので）… 1袋

作り方

1 ポリ袋にサラダパスタと水を入れて、
　空気を抜いて口を閉じ
　20分ほど置いておく。

2 1の水を軽く切って、
　シングルタイプのバウルーに入れ、
　1〜2分加熱する。

3 皿に盛りパスタソースと和える。

**PART 3　おかず編**

バウルーをフライパンとして利用したメニューをご紹介。深底ではないので、汁が多い料理は向かないから、アレンジする場合には注意しましょう。

とろとろチーズの中に溺れたくなる

# チーズダッカルビ

材料

焼き鳥缶（甘辛タイプ）… 1缶
スティック状のポテトスナック
　（じゃがビーなど）… 12本ほど
コチュジャン … 小さじ1
とろけるチーズ … 適量

作り方

**1** シングルタイプのバウルーに
焼き鳥缶とスティック状の
ポテトスナックと
コチュジャンを入れ、
浸るぐらいの水も加え、火にかける。

**2** グツグツしてきて、
スティック状のポテトスナックが
柔らかくなったら、
とろけるチーズを入れて、
さらに加熱する。

**3** とろけるチーズが
とろっとろになったら完成。

## 肉を焼き、たれをからめるだけ！

# 牛肉の
# ぎゅうぎゅう焼き

材料

牛肉の切り落とし … 100g
舞茸 … 1/2パック
ミニトマト … 3個
めんつゆまたはポン酢 … 適量

作り方

1 牛肉の切り落とし、
手で裂いた舞茸、ミニトマトを
シングルタイプのバウルーに
ぎゅうぎゅうに入れて
火にかける。
牛肉は多少固まっていてもOK。

2 両面を2分半ずつ焼く。
裏返す際に、中の汁が溢れる
可能性があるので火傷に注意。

3 最後にポン酢または
めんつゆをかけたら完成。

まずはこれをお酒の肴に

# カマンベール
# フォンデュ

材料

カマンベール … 1個
食べやすく切ったブロッコリー … 1/4 個分
細切りにしたパプリカ … 1/2 個
クラッカー、パンなど … 適量

作り方

*1* カマンベール、ブロッコリー、
パプリカを
シングルタイプのバウルーに
入れて中火で
両面3～4分加熱する。

*2* カマンベールが
やわらかくなったら、
フォンデュにして食べる。

**POINT**　　途中でハチミツを加えて甘くしてもグッド！

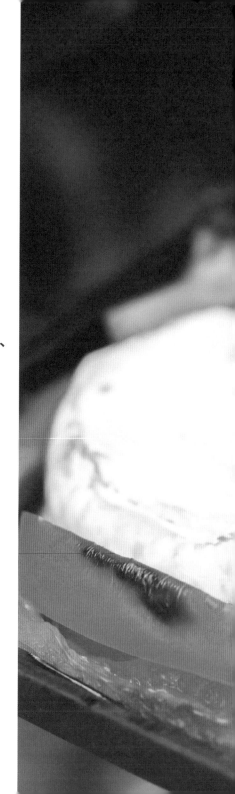

大胆に焼いてOK

# 丸ごと野菜焼き

材料

小さめのナス … 1本
パプリカ、ピーマンなど … 適量
ポン酢、かつおぶし … 適量

作り方

## 野菜をシングルタイプの バウルーに入れてフタをし両面焼く。 焦げ付く心配があれば油を入れる。

**POINT** 野菜が大きい場合は切ってもOK。ナスはフォークなどで刺してから焼くといい。

バターしょうゆの最強おつまみ

# 笹かまの海苔バター焼き

材料

笹かまぼこ (小さめ) … 3〜4個
バター … 10g
しょうゆ … 適量
青海苔か海苔 … 適量

作り方

1 シングルタイプのバウルーに バターを熱し、笹かまを焼く。 両面を焼いたら しょうゆを加えて絡める。

2 青海苔をまぶしたら完成。

丸ごと野菜焼き　←

←　笹かまの海苔バター焼き

### 皮はパリッと中はほっこり
# 焼きまんじゅう

材料

お好きなまんじゅう … 適量
サラダ油 … 大さじ1

作り方

シングルタイプのバウルーで
両面を焼く。

### 肉汁じゅわ～っ!
# 焼き肉まん

材料

肉まん（惣菜）… 1個

作り方

シングルタイプのバウルーで
両面を焼く。

焼きまんじゅう
↑

焼き肉まん
↓

フライパンよりふっくら仕上がる！

# ホットケーキ

材料

ホットケーキミックス … 150g
牛乳または水 … 100ml
たまご … 1個
マヨネーズ（なくてもよい）
　… 大さじ1
バター … 適量
はちみつ … 適量

作り方

**1** 密封袋の中に、
ホットケーキミックス、牛乳、たまご、
マヨネーズを入れてよく混ぜる。
多少粉っぽさが残る程度でもOK。

**2** ダブルタイプのバウルーに
油を軽く塗って、1を入れ、
両面を約3分ずつ焼いたら完成。

**POINT**　バウルーに入れる材料の量は片面分。おおよそ倍に膨らむ。

カリッと焼けたベーコンがまた美味

# お好み焼き

材料

お好み焼きミックス … 小1袋
干し海老 … 適量
千切りにしたキャベツ … 適量
ベーコン … 1枚
紅生姜 … 適量
お好み焼きソース … 適量
青海苔 … 適量

作り方

1 密封袋の中に、お好み焼きミックス、
干し海老、キャベツ、紅生姜を
入れてよく混ぜる。
多少粉っぽさが残る程度でもOK。

2 シングルタイプのバウルーに
油を軽く塗って、1を入れ、
ベーコンをのせる。
両面を約3分ずつ焼いたら完成。

# 生ものの持って行き方

山ごはんというと乾物に頼りがちですが、ちょっとした工夫をすれば生の食材も持っていけます！日持ちさせるテクニックを覚えておくと便利です。

## 冷凍させる

肉や魚などは冷凍させてから保冷バックに入れて持っていきます。凍った身は保冷剤の役目も果たすので、冷凍できないものは一緒に入れておくといいです。保冷バックは100円ショップなどで売っている薄手のものがかさばらなくておすすめ。

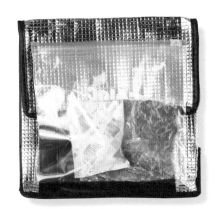

P58で紹介している「フレンチトースト」は、密封袋にたまご液とパンを一緒に入れて冷凍して持っていくのもアリです。味がよく染み込んでおいしくなります。

## スープジャーを利用する

保冷保温ができるスープジャーに、保冷剤と一緒に生ものを入れます。水筒だと具材は入れられませんが、スープジャーは間口が広いので、ミニトマトぐらいの大きさであればスッポリ。魚も肉もこの方法なら冷凍せずに持っていけます。

## 野菜は切らない

野菜は切り口から鮮度が落ちていくので、切らずに持っていくのがベター。乾燥が苦手な野菜は濡れた新聞紙で、水分が苦手な野菜は乾いた新聞紙で包むと、さらに鮮度が長持ちします。キッチンペーパーでも代用可能です。

CHAPTER

# バウルー以外で
# ホットサンドを作る

バウルーなどのホットサンドメーカーがなくても、フライパンや網を使えばホットサンドは作れます。ただし、密封されない分、中まで火が通りにくいのが難点。サンドイッチ用のパンを使ったり、生でも食べられる具材にして、ひと味違ったホットサンドを楽しみましょう。

## ── フライパン ──

山用フライパンは各社から発売されていますが、パンを焼くならばフッ素加工されているもののほうが楽。焼く際に上から重しをのせればプレスされて、いい焼き目がつけられます。深さはそこまで必要ないので、浅型でも。サンドイッチ用のパンで作るならば、コッヘルのフタをフライパン利用してもOKです。

## ── 網 ──

ユニフレームの「ミニロースター」など登山用の携帯網もホットサンドを焼くときに活用できます。バウルーやフライパンよりもすぐに熱が伝わって焦げやすいので、弱火でじっくり焼くほうがおいしく仕上がります。パンについた網の焼き目もまたかわいいですよ。

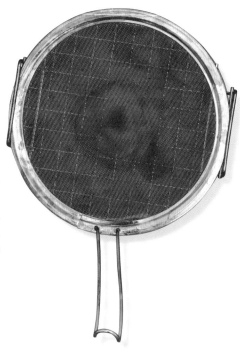

# 【 基本の作り方 】

（サンドイッチ用パンの場合）

## 具材はパンより
## 小さくする

バウルーのように端っこをきっちりプレスできないので、具材は多くしすぎないほうがいいです。また具材がパンからはみ出ると、フライパンや網にくっついてしまう可能性があるため、パンのサイズに合わせて切るか、重ねて配置しましょう。

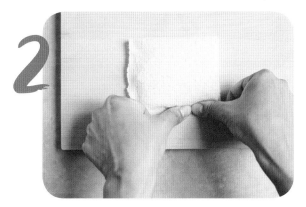

## 端っこを
## プレスする

焼いている間に具材が出てきてしまわないように、端っこを手でプレスします。水をつけながらやると、ピッタリとくっつきますよ。

## 両面を焼く

フライパンもしくは網で両面を焼いていきます。パンにきつね色の焼き目がついたらOK。1〜2分ほどで焼き上がります。フライ返しがあれば便利ですが、箸やフォークなどでも代用可能です。

王道はやっぱりサクサク食べられる

# ハムチーズ

材料
サンドイッチ用のパン … 2枚
ハム … 1枚
チーズ … 1枚
マスタード、マヨネーズ … 適量

作り方
1 サンドイッチ用のパンにマヨネーズと
   マスタードを塗って、ハムとチーズを挟む
   （ハム、チーズはパンの内側に収まるように適当にカットする）。
2 挟んだパンの端を手やフォークなどでプレスする。
3 フライパンで両面を約2分ずつ焼く。

子供も大好きツナチーズサンド

# ツナチーズサンド

材料
サンドイッチ用のパン … 2枚
ツナ缶 … 1/2缶分
みじん切りにしたタマネギ … 1/4個
斜め薄切りにしたキュウリ … 3枚分
マヨネーズ … 適量
塩こしょう … 適量

作り方
1 ツナとタマネギ、マヨネーズ、塩こしょうを混ぜる。
2 サンドイッチ用のパンにキュウリと1をのせて挟む。
3 端を手やフォークなどでプレスする。
4 フライパンで両面を約2分ずつ焼く。

ハムチーズ
↓

↑
ツナチーズサンド

シンプルだけどやみつき

# コンビーフサンド

材料

サンドイッチ用のパン … 2枚
コンビーフ … 適量
マヨネーズ … 適量

作り方

コンビーフとマヨネーズを
混ぜたものを
サンドイッチ用のパンで
ロールして、焼く。

**POINT** ラップで包んで持っていき、現地で焼くだけが楽ちん。冷凍しておいてもOK。

---

一度手を出したら止まらない

# ポテサラサンド

材料

サンドイッチ用のパン … 1枚
ポテトサラダ (惣菜) … 適量
からし、マヨネーズ … 適量

作り方

1 サンドイッチ用のパンに
ポテトサラダを置き、
半分にたたむ。
端を手やフォークなどでプレスする。

2 フライパンで焼く。

コンビーフサンド
↓

ボテサラサンド
↑

119

気分はメキシコ！

# トルティーヤ

材料

トルティーヤ … 1枚
レトルトのミートソース … 大さじ2〜3
スライスチーズ … 1枚
ウインナー … 2本

作り方

**1** トルティーヤの真ん中に
スライスチーズを置き、
ミートソースと
ウインナーをのせて包む。

**2** フライパンで
両面を軽く焼いたら完成。

## 4枚切りパンの間にサンドする
# 厚切りサンド

材料

食パン（4枚切り）…1枚
とろけるチーズ…2枚
半月スライスにしたトマト…2枚
ベーコン…1枚

作り方

1 食パンは半分に切り、
  内側に切り込みを入れる。

2 ベーコンは半分に切る。
  パンにベーコン、とろけるチーズ、
  トマトをサンドする。

3 フライパンで両面を焼いたら完成。

ポケットに好きなものを詰め込んで

# ピタパン

材料

ピタパン…1枚
サラダチキン（ほぐしたもの）…2枚
千切りにしたキャベツ…適量
半月スライスにしたトマト…1枚分
カレー粉…適量
マヨネーズ…適量

作り方

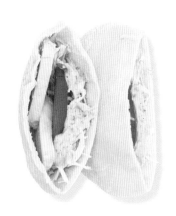

1 ピタパンを半分に切り、サラダチキン、
   トマト、キャベツを入れる。

2 カレー粉とマヨネーズを混ぜて、
   1の具材にかける。

3 フライパンで両面を焼いたら完成。

## たまごとハムの
# 冷凍サンドイッチロール

材料

サンドイッチ用のパン…4枚
たまごサラダ（惣菜）…適量
ハム…2枚
マヨネーズ、マスタード…適量

作り方

**1** サンドイッチ用のパンに
　　具材を入れて、
　　ロール状にする。

**2** フライパンで焼いたら完成。

**POINT**　　ロール状のまま冷凍して持っていくことも可能。山での手間が省ける。

甘い誘惑

# アップルパイ風サンド

**材料**

サンドイッチ用のパン…1枚
リンゴジャム…適量
レーズン…適量
バター…適量
シナモンシュガー…適量

**作り方**

*1* サンドイッチ用のパンにバター、
リンゴジャムを塗ってレーズンをのせ、
シナモンシュガーをふる。

*2* サンドイッチ用のパンを
三角になるように半分にたたみ、
サイドをフォークなどで閉じる。

*3* フライパンで焼いたら完成。

# 黒糖ナッツバターサンド

材料

サンドイッチ用のパン…2枚
バター…10g
黒糖クルミ…適量
　黒糖（顆粒）…45g
　クルミ…30g
　バター…5g

作り方

黒糖クルミの作り方

1 黒糖と水（大さじ1/2ほど）を
フライパンに入れて火にかけ、
沸騰してきたら弱火で2～3分加熱。

2 クルミとバターを入れてよく絡め、
オーブンシートを広げたところにあける。

3 乾燥したらクルミをほぐしておく。

サンドの作り方

1 サンドイッチ用のパンにバター、
黒糖クルミを並べて巻き、三角に形を整える。

2 フライパンで焼いたら完成。

# バウルーで1泊2日
# 山行計画

### CASE 1

## 野菜も肉も
## ちゃんと食べたい！
## レトルト、乾物を
## 使い回す！

山行のパワーともなるお肉や野菜を取り入れ
たいけれど、生のまま持っていくのは心配もあ
りますよね。そのときは、レトルトと乾物を使
ってみましょう。コンビニなどで売っているレト
ルトのハンバーグも保冷剤と一緒にすれば、
持ち運び可能です。乾物野菜は、スーパーの
お味噌汁や乾物コーナーで手に入るほか、自
分で作ってみるのも楽しいですよ。

→P18

### ハンバーグサンド

レトルトのハンバーグは、湯煎しなくても
OK。中までふっくら温かくなります。

### CASE 2

## 千切り
## キャベツを
## 3食で
## 使い切る

コンビニやスーパーで売っている千切りキャベ
ツを1袋持っていって、3食をまかなう献立で
す。千切りキャベツは洗う必要も切る必要も
なく、袋を開けてそのまま使えるから、山で
重宝する食材。1食で使い切るには少々多い
ですが、3食分であればひとりでも十分消費
できます。それでも余ったら、塩とオリーブオ
イルでサラダにしても！

→P14

### まるでホットドッグ

シャキシャキしたキャベツが入るだけで、
食感も楽しめる一品になります。

バウルーを使って、1泊2日の山行メニューをご提案！ホットサンド以外にも調理に使えるバウルーなら、バリエーションをもたせた食料計画を立てられます。CHAPTER1～3のメニューを応用しているので、詳しいレシピはそちらをご参照ください。

*Dinner*

→P84

### ビビンパ

乾物野菜と牛そぼろ（惣菜）をたっぷり入れれば、1日の疲れも吹っ飛びます！

*Breakfast*

→P66

### ドライベジタブル
### コールスローサンド

前日残った乾物野菜を朝食でも利用。マヨネーズで和えるだけでサクッと簡単に。

*Dinner*

→P111

### お好み焼き

キャベツは多めがおすすめ！　主食にもこれをおかずにごはんもアリ。

*Breakfast*

→P94

### シャケ弁当

シャケ弁当のお供に、キャベツの塩もみを。袋に塩を入れてもめば手も汚れない。

## 蓮池陽子

はすいけ・ようこ／山とアウトドアを愛する料理家。フードコーディネーターとして、料理教室や各種コーディネート、メニュー開発、料理本の執筆などを行なう。風土や歴史など、食べ物にまつわるさまざまなストーリーをつむぎ、料理として提案することをライフワークとしている。

https://www.atelierstory.jp/

**Staff**
—
**写真**
きくちよしみ

**ブックデザイン**
尾崎行欧
宮岡瑞樹
齋藤亜美
宗藤朱音
（oi-gd-s）

**編集**
中山夏美
佐々木惣（山と溪谷社）

**スタイリング**
佐野　雅

**撮影協力**
大島ゆき
村尾まりこ
東京チェンソーズ

**協力**
—
イタリア商事株式会社
http://www.italia-shoji.co.jp/

バウルー公認！
# アウトドアでホットサンド

2020 年 2 月 1 日　初版第 1 刷発行
2021 年 6 月15日　初版第 5 刷発行

**著者**
蓮池陽子

**発行人**
川崎深雪

**発行所**
株式会社山と溪谷社
〒 101-0051 東京都千代田区
神田神保町 1 丁目105 番地
https://www.yamakei.co.jp/

**印刷・製本**
株式会社光邦

● 乱丁・落丁のお問合せ先
山と溪谷社自動応答サービス
TEL：03-6837-5018
受付時間／10:00 〜 12:00、
　　　　　13:00 〜 17:30
　　　　　（土日、祝日を除く）

● 内容に関するお問合せ先
山と溪谷社
TEL：03-6744-1900（代表）

● 書店・取次様からのお問合せ先
山と溪谷社　受注センター
TEL：03-6744-1919
FAX：03-6744-1927